Trier

lieben lernen

*Der perfekte Reiseführer für einen unvergessli-
chen Aufenthalt in Trier inkl. Insider-Tipps und
Packliste*

Melissa Hellinger

✈ INHALT

Das erwartet Sie in diesem Buch

Schon immer wollten Sie in die vermutlich älteste Stadt Deutschlands reisen? Hautnah wollen Sie mit den Römern durch Trier ziehen und ihre Lebensweise kennenlernen? Sie wollen wissen, welche Sehenswürdigkeiten sich lohnen, wo man das beste Essen herbekommt und wo man das eigene Geld am meisten liegenlässt? Die älteste Stadt Deutschlands ist ein Muss für jeden Reisenden und mit diesem Buch sind Sie bestens gerüstet!

Der Charme Triers fasziniert jeden Städte-, aber auch Naturliebhaber. Von der Porta Nigra über den Hauptmarktplatz bis hin zum Zurlaubener Ufer können Sie Trier von der schönsten Seite erleben. Sie lernen den alteingesessenen Trierer kennen, erleben den mal hektischen, mal gemütlichen Alltag, begeben sich auf eine kulinarische Reise und pendeln zwischen Tag und Nacht. Zudem erreichen Sie wunderschöne Orte, die Ihnen den schönsten Blick über das gesamte Moselgebiet verschaffen.

Mit diesem Reiseführer können Sie sich selbständig einen Blick über Trier verschaffen, Sie können den vorgegebenen Wegen folgen oder aber kreuz und quer durch die Stadt und die jeweiligen Stadtteile laufen. Das Schöne daran ist, Sie erreichen alles – fast – problemlos zu Fuß. Sie müssen lediglich ein paar gute Schuhe tragen und entsprechende Kleidung. Gute Gesellschaft finden Sie auf Ihrem Weg zu den einzelnen Zielen.

Sie müssen nur ein wenig Geduld mitbringen, denn die Trierer sind ein wenig eigen in ihrer Art. Ich führe Sie durch die Geschichte Triers, zeige Ihnen alle Sehenswürdigkeiten und trinke mit Ihnen den besten Viez in der coolsten Kneipe! Ein Hoch auf

Trier, auf diesen Reiseführer und natürlich auf Sie. Vor allem werde ich Ihnen die Geschichte nahelegen, aber Ihnen genauso zeigen, auf welche Kleinigkeiten Sie besonders achten sollten. Wer aber keine Lust zum Lesen hat, kann sich dieses Buch auch als Hörbuch holen.

Nun kann das Abenteuer „Trier, die vermutlich älteste Stadt Deutschlands" beginnen!

Trier hautnah erleben

Trier, eine eindrucksvolle Stadt mit einer rauen Historie. Geprägt durch Religion und Krieg, beides heute noch sehr deutlich sichtbar und auch spürbar. Daraus hat sich ein ganz besonderes Volk gebildet. Auf gute Art und Weise. Aber wie jedes Dorf, oder auch jede Stadt, haben die alteingesessenen Trierer ihre ganz besondere Art, die sich auf die Nachgezogenen überträgt. So wurde Trier bereits etwas moderner, aber vieles, was man als „waschechtes Trier" bezeichnen kann, zieht sich heute noch durch den Alltag. Lassen Sie sich berieseln von einer von Geschichte geprägten Stadt, mit vielen Geheimnissen und vielen wunderschönen Plätzen. Erleben Sie mit mir gemeinsam Trier hautnah und lassen Sie sich in den Bann dieser außergewöhnlichen Stadt ziehen.

DIE GESCHICHTE TRIERS

Beginnen wir mit der Geschichte Triers. Keine Sorge, dies wird kein langweiliger Geschichtsunterricht werden, nur zeige ich Ihnen hier die großen und wichtigsten Elemente, die das heutige Trier geprägt haben.

Im Grunde ist Trier durch die Römer entstanden und hieß Augusta Treverorum. In der Spätantike entwickelte sich der Name dann zu *Treveris*, aus dem sich der heutige Name ableiten lässt.

Die Vorgeschichte Triers begann damit, dass Trebeta, der Sohn des Assyrerkönigs, Trier rund 1300 Jahre vor der Entstehung Roms, also um 2050 v. Chr. herum, gegründet haben soll. Um einen kurzen Schlenker zu den Assyrern zu machen: Sie waren ein Volk, das im Altertum im mittleren und nördlichen Mesopotamien ihren Ursprung hat.

Im römischen Reich wurde zuerst um 30 v. Chr. ein Militärlager errichtet, das jedoch nach wenigen Monate wieder stillgelegt wurde. Ende des 2. Jahrhunderts kamen dann noch die Barbarathermen, das Amphitheater und die 6,4 Kilometer lange Stadtmauer sowie das heute noch erhaltene Stadttor, die Porta Nigra, hinzu. Bischofssitz wurde Trier in der zweiten Hälfte des 3. Jahrhunderts und Religion wird seit jeher in Trier großgeschrieben. Dies erkennt man übrigens an den gut ein Dutzend Kirchen, die im Laufe der letzten Jahrhunderte gebaut wurden. Der erste Bischof war zudem Eucharius. 275 wurde Trier von den Alamannen zerstört. Dies war ein antikes Volk, welches dem westgermanischen Kulturkreis zugehörig war. Konstantin der Große, der von 306 bis 337 regierte, baute Trier, damals *Treveris,* wieder auf.

Abermals wurde Trier fast vollständig zerstört. Nämlich 822 im Mittelalter. Seit 902 ist Trier dann als erzbischöfliche Stadt anerkannt und bekannt. Es geschahen noch allerlei Unstimmigkeiten, auf die ich an dieser Stelle nicht eingehen werde. Ich will Sie ja schließlich nicht mit zu viel Geschichte langweilen.

Von der Neuzeit bis nach dem Ersten Weltkrieg passierte noch viel mehr in dieser kleinen Stadt. Auch sie blieb von Hexenjagden nicht verschont. Im Eurener Stadtteil errichtete man eine Hinrichtungsstätte. Danach wurde Trier 1634 von den Spaniern und 1645 von den Franzosen erobert. Dreißig Jahre lang blieb die Stadt unter der Gewalt der Franzosen. Leider gewannen diese immer mehr an Macht. Weitere fünf Male schafften sie es, die Stadt zu erobern. Die Erzbischöfe und Kurfürsten Triers siedelten jedoch nach diesen Eroberungen in Richtung Koblenz um. Überspringen wir die Koalitionskriege und weitere Auseinandersetzungen mit den französischen Revolutionstruppen und begeben uns direkt zu der Zeit der Befreiungskriege. Januar 1814 wurde Trier von preußischen Truppen erobert.

Die tief katholische Stadtbevölkerung stimmt aber nicht mit dem protestantischen Denken überein. So lebten beide Regime in einer großen Skepsis gegeneinander. Erst nach dem Ersten Weltkrieg zogen die preußischen Truppen 1918 schlussendlich aus Trier ab und wurden wieder einmal, bis 1930, gegen die Franzosen ausgetauscht.

In der Zeit des Nationalsozialismus wurden vor allem Synagogen und weitere Kirchen weitestgehend bombardiert und fast vollständig zerstört. Ab September 1944 stand Trier quasi unter ständigem Artilleriebeschuss. Rund 1600 Häuser wurden dabei zerstört.

Die Nachkriegszeit brachte dann endlich wieder Hoffnung in die Straßen Triers. Eine neue Synagoge für die jüdische Gemeinde wurde eingeweiht, die Römerstraße an der Porta Nigra wurde freigelegt und das Wildfreigehege im Weißhauswald eröffnet. 1970 eröffnete man die Universität, die zur Entwicklung als Universitätsstadt beitrug.

Es kam das Martinskloster, das bis heute als Studentenwohnheim dient. Später wurde die Fachhochschule eröffnet. Auch wichtig in den 70er-Jahren war die Wiedereröffnung des restaurierten Doms, der auch größtenteils zerstört wurde. 1984 feierte man das 200-Jahre-Jubiläum und zwei Jahre später wurden diverse Gebäude, Bauten und Denkmäler unter den Schutz der UNESCO-Welterben genommen.

Auch die Religion spielt, wie bereits erwähnt, eine sehr große Rolle in der Entwicklung des trierischen Volkes. Zum Beispiel waren keltische Gottheiten hoch angesehen und besaßen einen eigenen Tempelbezirk in Trier-West. Rund 70 Tempel und Kulturstätten existierten. Seit Konstantin der Große in Trier regierte, ist die Stadt christlich. Unter anderem existierte seit dem Mittelalter eine starke jüdische Gemeinde, der Karl Marx entstammte, der berühmteste Sohn Triers. Selbst ein buddhistisches Zentrum ziert das Antlitz. Weitere viele gläubige Gemeinden bildeten sich über die Jahre in allen Stadtteilen von Trier und blieben bis heute erhalten. Sowohl physisch als auch mental.

Trier ist bis heute zu einer großen Stadt herangewachsen, pflegt ihre Denkmäler und lockt jedes Jahr immer mehr neue Menschen an. Sie ist als Universitätsstadt bekannt, vor allem aus Luxemburg kommen hier viele Studenten. Mit ihren 19 Stadtteilen wuchs sie zu dem auf, was wir heute lieben und schätzen.

Trier ist eine Stadt mit harter Geschichte, schrecklicher Wahrheit und viel Hoffnung. Der Glaube trieb sie voran und trieb sie dazu, nie aufzugeben. So erstrahlt sie heute in einem glänzenden Licht und man merkt ihr vor allem die Kriegszeiten kaum mehr an. Eine erstaunliche Stadt.

KARL MARX

Hier möchte ich Ihnen nur kurz erläutern, wie Karl Marx lebte und warum er für Trier eine solch große Bedeutung hat, dass er selbst eine Statue gewidmet bekam. Denn im Grunde kennen wir alle Karl Marx.

Gehen wir zunächst auf das Denkmal ein. Die imposante Bronze-Statue steht auf dem Simeonstiftplatz in Trier und ist ein Geschenk der Volksrepublik China. Anlässlich seines 200. Geburtstages am 5. Mai 2018 wurde sie in seiner Geburtsstadt enthüllt. 2,3 Tonnen ist sie schwer und 5,50 Meter hoch. Die Figur zeigt Marx in höherem Alter. Das Buch, das er in der Hand trägt, soll als Symbol der Weiterbildung der Menschen gelten. Schauen wir uns das Leben von Karl Marx mal ein wenig genauer an. Wie bereits erwähnt, wurde er am 5. Mai 1818 in Trier geboren und verstarb 1883 in London. Bekannt ist er als Philosoph und als Kritiker des Kapitalismus und der Religion. Zum einflussreichsten Theoretiker des Sozialismus und

Kommunismus wurde er mit Friedrich Engels. Heute kann man das Geburtshaus des Theoretikers besuchen und hautnah erleben. Nach einem erfolgreichen Studium in den Rechtswissenschaften arbeitete er zunächst als Journalist bei der Rheinischen Zeitung. Politik und Wirtschaft waren seine größten Interessengebiete.

Während der Industriellen Revolution und den gesellschaftlichen Aufständen hob sich Marx durch seine Denkweise von allen ab. Er wurde zudem in seiner Meinungsfreiheit insofern eingeschränkt, dass er 1843 beschloss, nach Paris zu ziehen. Dort wurde ihm nicht der Mund verboten und er fand schnell Gleichgesinnte. Ein Jahr später wurde er bereits ausgewiesen, genauso wie aus Brüssel und auch aus Deutschland. Somit zog er 1849 nach England.

Dass Karl Marx und Friedrich Engels gute Freunde waren, ist uns allen bekannt. Er bot Marx große Unterstützung. Beide erarbeiteten sich das politische Konzept des Kommunismus. Daraus entwickelte sich langsam die „Lehre des Marxismus" und hatte eine Arbeiterbewegung als Folge. Marx und Engels waren in diversen politischen Gruppen tätig, organisierten nach und nach Aufstände, um weitere Anhänger ihrer Ideologie zu finden und zu vereinen. Dadurch gewannen beide erhebliche Macht und Bekanntheit, sodass sie heute, wie die Karl-Marx-Statue, für immer in Erinnerung gehalten werden.

UNESCO-WELTERBEN

Folgende Sehenswürdigkeiten sind seit 1986 dem UNESCO-Weltkulturerbe angehörig. Das Welterbe ist eine Bezeichnung für jegliche Denkmäler, Stätten, Naturgebilde sowie geologische und physiogeografische Erscheinungsformen, die einen erheblichen Wert haben. Somit wurden folgende Bauten und Gebäude unter den Schutz des UNESCO-Weltkulturerbes genommen. Ich stelle Ihnen hier nur die interessantesten davon vor.

Porta Nigra

Die Porta Nigra ist das Stadttor und das Wahrzeichen der Stadt Trier. Außerdem ist sie das am besten erhaltene römische Stadttor nördlich der Alpen. Betrachten wir zunächst den geschichtlichen Hintergrund. Erbaut wurde das Stadttor ungefähr

170 n. Chr. aus rund 7.200 Steinquadern, was eine beachtliche Summe ist, wenn man bedenkt, dass die Dauer des Baus nur rund 2 - 4 Jahre gedauert hat. Die genaue Datierung ist den Wissenschaftlern leider nicht möglich, da zwar solche in den Gemäuern des Stadttores eingemeißelt sind, aber ohne Jahresangaben. Jedoch durch die genutzten Materialien im Grund der Porta konnte man ein ungefähres Datum errechnen, nämlich das oben bereits genannte 170 n. Chr. Übrigens wurde die Porta nie fertiggestellt, bis heute nicht. Im Mittelalter ließ sich der byzantinische Mönch Simeon als Einsiedler im Ostturm einmauern. Dort lebte er in stillem Gebet bis zu seinem Tod. Dies war wohl das Beste, das der Porta Nigra passieren konnte.

Denn dadurch wurde sie vielen Veränderungen und Umbauten unterzogen, die sie heute in diesem Stand erhalten haben, wie wir sie kennen. Sonst wäre sie bereits recht früh abgerissen und als Steinbruch genutzt worden. Versorgt wurde Simeon durch einige Unterstützer, die ihm Nahrung und Wein in einen Korb legten. Diesen zog er an einem Seil zu sich nach oben. Für uns unvorstellbar, so zu leben und so zu sterben. Kurz nach seinem Tod wurde der Mönch

Simeon durch den Papst heiliggesprochen und der Erzbischof Triers errichtete zu seinem Ehren das Simeonstift. Daraufhin wurde die Porta Nigra in zwei übereinander liegende Gotteshäuser umgebaut. Der unterste Teil diente als Volkskirche. Dafür schüttete man die Torbögen zu und erbaute eine breite Freitreppe, die ins Obergeschoss führte. Fast 800 Jahre verblieb das bekannte Stadttor in diesem Zustand.

Erst mit Napoleon bekam es ihr altes antikes Gesicht wieder. 1804 veranlasste Napoleon, dass mittelalterliche Bauten entfernt werden sollten.

Noch heute erkennt man die Spuren aus rund 1800 Jahren in den Gemäuern. Diese kann man auch während einiger Rundführungen genauer betrachten. Dabei muss man sehr achtsam sein, dann kann man auch die Unvollständigkeit sehen.

Um die Namensherkunft der Porta Nigra nicht zu vernachlässigen, erzähle ich Ihnen hier noch einige Kleinigkeiten.

Der Name stammt aus dem Mittelalter, kommt aus dem Lateinischen und bedeutet „Schwarzes Tor". Das ist aber nicht der einzige Grund, weswegen es diesen Namen trägt. Zur Römerzeit war das Tor noch unter dem Namen „Porta Martis", auch Marstor, bekannt. Das geht zurück auf den Kriegsgott Mars. Mit Stolz marschierten die Krieger durch dieses Nordtor des Gottes Mars, um die Schlacht zu bestreiten. „Schwarzes Tor" wurde es dadurch genannt, als jene Krieger aus den Felder mit Trauer im Leibe durch das Nordtor nach Trier, damals Augusta Treverorum, flohen. Heute ist die Porta Nigra, zumindest unter den Trierern, lediglich als Porta bekannt. Dies ist einfacher und kürzer.

Wie Sie sehen, hat die Porta einige Veränderungen hinter sich und wie bereits vor einigen Sätzen erwähnt, kann man in Führungen diese Spuren mit einem wachsamen Auge noch erkennen. Näheres dazu können Sie im Kapitel „Führungen und Rundfahrten" nachlesen.

Eines, was ich Ihnen an dieser Stelle natürlich nicht vorenthalten möchte oder kann, ist die Tatsache, dass es insgesamt vier Eingänge nach Trier gab. Im Osten gab es die Porta Alba, im Süden die Porta Media und im Westen, heute bekannt unter dem Namen der Römerbrücke, die Porta Inclyta. Alle drei Tore wurden in der Römerzeit bereits zerstört und als Steinbrüche genutzt.

Um diesem Kapitel jedoch gebührend zu werden, fehlt die fast wichtigste Information. 1986 wurde die Porta Nigra ein UNESCO-Welterbe und ein geschütztes Kulturgut. Es lohnt sich also, diese Sehenswürdigkeit zu besuchen und sie hautnah zu erleben.

Konstantin-Basilika

1986 wurde die Basilika in die UNESCO-Welterbeliste aufgenommen. Die evangelische Kirche basiert auf einem römischen Monumentalbau, dem größten erhaltenen säulenlosen Raum der Antike. Als Palastaula (Thronsaal) wurde sie vom römischen Kaiser Konstantin um 310 n. Chr. gebaut. Viele Umbauten und Zerstörungen kennzeichnen sie bis heute. Im 17. Jahrhundert wurden einige Wände für den Schlossbau genutzt und so war die anfängliche Form zunichtegemacht worden. Friedrich Wilhelm IV. errichtete die Basilika in ursprünglicher römischer Größe neu und weihte sie 1856 als evangelische Kirche. Nach dem Zweiten Weltkrieg musste sie erneut aufgebaut werden. 1956 wurde sie erneut geweiht. Sie wurde zum geschützten Kulturgut und bekam einen eigenen Glockenturm.

Kaiserthermen

Die monumentale Schönheit der Kaiserthermen bietet einen Blick auf die ehemaligen Heißwasserbäder. Damals ließ man sich von Sklaven einölen und massieren oder im Kaltwasserbad mit Kaltwasser begießen. Oder lediglich, um Muße zu tun. Es war ein Gesellschaftsort.

Die Römer trafen sich damals auf ein Ballspiel mit Freunden oder aber mit Geschäftspartnern, mit denen sie dann dort eine eindrucksvolle Zeit verbrachten. Während oben aber die Reichen sich bedienen ließen, mussten die Bediensteten durch die unterirdischen Gänge schleichen und huschen, um von A nach B zu gelangen. Keine schöne Vorstellung, wenn man bedenkt, dass in denselben Gängen das verschmutzte Wasser hindurchfloss sowie die Toilettenanlagen sich dort befanden. In diesem UNESCO-Weltkulturerbe können Sie heute noch den typischen Badegang nachvollziehen sowie die Überreste der Entwässerungsanlage. Leider wurde das groß angelegte Projekt in seiner ursprünglichen Größe nie fertiggestellt. Woran das genau lag, weiß man nicht so genau.

Amphitheater

Wenn Sie eine große Vorstellungskraft haben, dann werden Sie an diesem Ort stehen und den Angstschweiß riechen. Sie werden die Spannung fühlen und vom Adrenalin der Kämpfer angetrieben werden, mitzujubeln und mitzuschreien. Sie sehen die steinernen Tierkäfige, die ehemaligen Sitzreihen und die aufgeregten Trierer vor sich. Darf ich vorstellen: das Amphitheater. Heute ohne Tierkäfige oder Sitzreihen, dafür aber mit ganz viel Leidenschaft und Herzblut, nimmt es Sie mit in die damalige, sehr brutale Zeit.

Rund 1700 Jahre ist dies nun schon her, dass vor allem der Kampf von Keilern und Löwen, Bären und Stieren die Massen begeisterte. Aber auch die wunderbaren Theatervorführungen und die Gauklerspieler lockten selbst den griesgrämigsten Trierer aus seiner heimlichen Ecke. Sie lauschten alle dem Flötenspiel schöner Tänzerinnen und fieberten umso mehr mit, wenn Pferderennen auf dem Spielplan standen. In den späteren Jahrhunderten aber wurde das Amphitheater nur noch als Steinbruch genutzt und so wurde es zu dem Ort, den wir heute kennen und bewundern.

Trierer Dom

Das älteste Bauwerk Triers, sowie auch aus Deutschland, ist der Trierer Dom. Ein imposantes Gebäude, das seit 1700 Jahren ihren Ursprung nicht verloren hat. Der Dom diente seit jeher als Bischofskirche und seit 1512 ist er eine bedeutende Wallfahrtsstätte.

Für alle Architektur-Fans ist der Dom ein einzigartiges Gebäude, denn es beinhaltet alle europäischen Baustile seit der Antike. Beginnen wir mit der Spätantike.

Seit ungefähr 270 n. Chr. gibt es in Trier eine christliche Gemeinde mit den ersten Erzbischöfen Eucharius, Valerius, und Maternus. Unter Bischof Maximin wurde zwischen 329 und 346 das ursprüngliche Gebäude nach Norden und nach Osten zu insgesamt vier Basiliken ausgebaut. Somit wurde das Trierer Kirchenzentrum eines der größten im 4. Jahrhundert. Ab dem Jahr 340 wurde ein Neubau errichtet, den man „Quadratbau" nennt. Dessen Außenmauern bilden heute noch den Kern des Trierer Doms.

Begeben wir uns in das frühe Mittelalter. Die Unruhen der Völkerwanderungen zerstörten die antike Kirchenanlage. Der sogenannte „Quadratbau" und die Nordkirche wurden von Bischof Nicetius, der 561 verstarb, neu aufgebaut. Im Jahr 882 wurden sie erneut zerstört, dieses Mal von den Normannen. Erst rund 100 bis 200 Jahre später erfolgte eine Erneuerung. Es entstand ein Meisterwerk salischer Baukunst, die Krypten und die Westfassaden erhielten ein neues Antlitz.

Das ist aber nicht das Einzige, was sich im Mittelalter veränderte. Später kamen noch ein Chor, geweiht 1196, mit einer Krypta an der Ostwand dazu sowie danach die Wölbung des Doms. Im 13. Jahrhundert wurde mit den Resten der antiken Südkirche die Liebfrauenkirche mit einem Kreuzgang zum Dom errichtet. Erzbischof Balduin erhöhte dann noch die beiden Osttürme und 200 Jahre später wurde der südliche Westturm in der Höhe angepasst. Folgende Ausstattungen sind noch aus dem Mittelalter erhalten geblieben: Chorschranken, Grabdenkmäler, welche Hinweise tragen, dass seitdem die Erzbischöfe hier begraben wurden und Bauplastik.

Nach dem Dreißigjährigen Krieg wurde die Domkirche einer Umgestaltung unterzogen. Es entstanden Altäre im romanischen Ostchor, dazu noch eine Heiltumskammer. Sie bewahrt den Heiligen Rock auf, die kostbarste Reliquie des Doms. Sie soll Fragmente der Tunika Jesu Christi enthalten. Leider blieb der Dom nicht von einem Brand verschont und musste ein weiteres Mal verändert und neu ausgebaut werden. Das geschah 1717. Es kamen zahlreiche neue Altäre, barocke Grabdenkmäler, ein Chorgitter und eine Schwalbennestorgel dazu. Somit vollendete man das „Barock" Element im Trierer Dom.

Kommen wir nun zum letzten Meilenstein des Doms. Im 19. Jahrhundert begann man mit umfangreichen Restaurierungen, um das mittelalterliche Antlitz wiederherzurichten. 1960 bis 1974 fand eine große Sanierung statt, die auch das Innere des Doms beinhaltete. Die Geschichte um das imposanteste Gebäude Triers war langwierig, aber es hat nie seinen Ursprung verloren und fasziniert heute noch viele Architekturfans, Gläubige und Nichtgläubige sowie Historie-Liebhaber.

Römerbrücke

Bevor die ursprüngliche Römerbrücke erbaut wurde, standen zuerst zwei weitere Holzbrücken am selben Ort. Mit der Stadtgründung 17 v. Chr. erbaute man die ersten Holzbrücken. Ab 144 n. Chr. wurden dann die Steinpfeiler gesetzt, die man heute an dieser Baute sehen und bestaunen kann. Sie ist der Knotenpunk der Stadt. Sie verbindet beide Moselseiten miteinander und tausende Autos, Fußgänger und Radfahrer nutzen sie tagtäglich, um die wunderschöne Mosel am Zurlaubener Ufer zu überqueren. Ein Geheimnis hegt das Flussbett noch heute. Zur römischen Zeit wurde beim Überqueren gerne mal eine Münze in den Fluss geworfen.

Es war ein Opfer an die dort lebende Göttin Mosella. So vermuten Experten heute, dass sich dort noch eine gute Million Münzen finden lassen. Jedoch ist das Tauchen dort verboten. Also wenn Sie das nächste Mal einen Fuß auf die Brücke setzen, dann denken Sie auch an die Göttin Mosella und vielleicht opfern Sie ihr auch die ein oder andere Münze, an der sich vielleicht unsere Nachfahren später erfreuen können.

Barbarathermen

Ebenso wie die Kaiserthermen zuvor wurden die Barbarathermen in der zweiten Hälfte des 2. Jahrhunderts zur Erholung der Kaiser erbaut. Deutlich größer ist sie mit 42.000 Quadratmetern allemal. Leider ist von den ursprünglichen Thermen kaum noch etwas übrig, aber zum Beispiel die Jünglingskörper, die einst hier standen, kann man im Rheinischen Landesmuseum Trier betrachten. Auch hier benötigen Sie einiges an Vorstellungskraft, um die prunkvollen Thermen vor Augen auch nur erahnen zu können. Stellen Sie sich einfach vor, wie hunderte Menschen hier über die Fläche liefen, sich erholten und bedienen ließen.

Igeler Säule

Lustigerweise erhielt ein Irrglaube die Igeler Säule. Abgebildet ist eine Familienszene, die als Vermählung der Eltern Kaiser Konstantins gedeutet wurde, der mit seiner Mutter Helena im christlichen Glauben verehrt wurde. Heute aber weiß man mittlerweile, dass die abgebildeten Szenen den Alltag und das Geschäftsleben der Händler zeigen. 250 n. Chr. wurde die Säule zu Wohlstand und Erfolg für Tuchhändler-Familien errichtet. Zudem ist sie das größte bestehende Pfeilergrab nördlich der Alpen mit einer erstaunlichen Höhe von 23 Metern.

Codex Egberti

Gemunkelt wird, dass der Codex für Erzbischof Egberts persönlich geschaffen wurde. Der Trierer Erzbischof richtete zwischen 977 und 993 im Kloster Maximin ein Skriptorium ein, eine mittelalterliche Klosterschreibschule, in die einige Meister eingebunden waren. So zum Beispiel der sogenannte „Gregormeister", ein echtes Illustrationsgenie seiner Zeit. In den Evangelien kann man 60 Miniaturen von ihm betrachten. Somit ist der Codex Egberti der älteste und umfangreichste Bilderzyklus aus dem Leben von Jesu Christi. Später wurde der Codex an die Kirche St. Paulin verschenkt, wo er bis ins 18. Jahrhundert genutzt wurde, ehe er in die Stadtbibliothek wanderte. Seitdem wird er in der Schatzkammer aufbewahrt und beschert jedem Besucher, Bibel- und Buchliebhaber eine riesige Freude.

Als kleine Information nebenbei: Erzbischof Egberts Händchen in der Kunstförderung zeigte sich in der Goldschmiedekunst. Der nach ihm benannten Werkstatt entstammen nach 977 einige sehr bedeutsame Stücke der ottonischen Zeit. Eines der Hauptwerke ist beispielsweise der Andreas Tragaltar, den Sie in der Schatzkammer des Doms bewundern können. Der fast lebensgroße, goldene Fuß auf dem Deckel des besagten Werkes verweist auf die Sandale des Apostels Andreas, dessen Sohle sich in einem künstlerisch gestaltenden Behältnis für Reliquien befindet. Es ist ein funkelndes Meisterwerk mit Edelsteinen, Elfenbein, und Perlen.

FÜHRUNGEN UND RUNDFAHRTEN

Trier bietet eine breitgefächerte Palette an tollen und spannenden Rundführungen und -gängen. Hier werden Sie jedoch jene finden, die sich am meisten lohnen. Alle anderen können Sie hier einsehen und sich selbst einen Überblick verschaffen: www.trier-info.de. Alle Tickets erwerben Sie unter folgender Adresse: www.ticket-regional.de. Oder aber in der Trierer Tourismus und Marketing GmbH während ihrer Öffnungszeiten. Alle Führungen werden in Gruppen durchgeführt.

Nachtschwärmer-Rundgang

Zum Ausklang des Abends können Sie sich diesem wirklich lohnenswerten Abendrundgang widmen. Hier erstrahlt Trier in seinen schönsten Facetten. Rund 2 Stunden dauert dieser Fußweg und beginnt am womöglich schönsten Ort der Stadt, der berühmten Porta Nigra. Am Dreikönigenhaus vorbei Richtung Innenstadt wird einem die Historie des Trierer Doms, in dessen Freihof noch ein Viez genossen werden kann, und der Liebfrauenkirche nochmal nahegelegt. Weiter geht es dann zur wunderschönen Konstantin Basilika und zum kurfürstlichen Palais. Sie huschen in einer kleinen Gruppe durch die verwinkelten Gassen und entdecken jene Orte, die am Tage bedeckt bleiben. Zum Abschied wird gemeinsam ein Glas Wein auf dem Hauptmarkt getrunken.

Der Eintrittspreis liegt für Erwachsene bei 12,50 € pro Person. Für Studenten, Schüler, Freiwillige (BFD, Bundeswehr), Behinderte (GbB 80 %) liegt der Preis bei 11,50 € pro Person. Empfohlen ist das Mindestalter von 16 Jahren.

Rundgang für Kinder 2000 Jahre – 4000 Schrittchen
Für all jene, die mit ihren Kindern Trier gemeinsam entdecken wollen, ist dieser Rundgang genau das Richtige! Wussten Sie, dass der Teufel die Stadt einst besuchte? Lustige Affen, ernste Ritter, ein heiliger Bartträger und eine uralte Kaiserin begegnen Ihnen auf diesem kindgerechten Rundgang durch Trier. Ihre Kinder werden in einen magischen Bann gezogen, dem selbst Erwachsene sich nicht entziehen können.

Geeignet ist dieser Rundgang für alle Kinder zwischen 5 und 14 Jahren. Der Eintrittspreis für Erwachsene liegt bei 11,00 € pro Person, für Familien sind es 25,00 €, für Kinder zwischen 6 und 14 Jahren 7,00 €. Ermäßigte Tickets (Schüler, Studenten, Wehrdienstleistende, Schwerbehinderte ab 80 %) kosten 10,00 € pro Person.

Das Geheimnis der Porta Nigra
Wollen Sie die Porta Nigra hautnah erleben? Zenturio, ein ehemaliger Römer und Krieger, wird Sie durch die Porta Nigra führen, Ihnen von den waghalsigen Kämpfen, dem gefährlichen Alltag und der täglich mühsamen Arbeit erzählen. Aber irgendetwas stimmt mit Zenturio nicht... Wenn Sie

herausfinden wollen, was das genau ist, dann müssen Sie unbedingt diese einstündige Erlebnisführung bestreiten!

Während dieser Rundführung sollten Sie auf jeden Fall ein besonders wachsames Auge auf die Mauern haben. Man kann nämlich dort an manchen Stellen einige eingemeißelte Zeichen erkennen. Diese stammen von den damaligen Steinmetzen ab. Im Westturm kann man auch Datierungen entdecken. Betrachtet man das Ganze noch einmal von außen, kann auch hier das wachsame Auge erkennen, dass das Stadttor unvollständig wirkt, wie bereits unter dem Kapitel „Porta Nigra" erwähnt.

Missen Sie jedenfalls nicht diese Führung, wenn Sie besonders großes Interesse für das Stadttor hegen.

Der Preis pro Erwachsenen liegt bei 15,00 €, ermäßigt 13,00 €, Kinder zwischen 6 bis 14 Jahren zahlen 10,00 €.

Stadtrundfahrt 2 Stunden – 2000 Jahre

Um die außerhalb des Ortskerns liegenden Sehenswürdigkeiten bestaunen zu können, wird eine Rundfahrt mit einem Bus angeboten. Dieser führt Sie zum Aussichtspunkt Petrisberg, auf dem Sie den fast schönsten Überblick über die Weinberge Olewigs und die Stadt Trier haben. Danach führt man Sie zum Amphitheater und anschließend zu den Moselkränen, die eher unscheinbar wirken, aber dennoch sehr imposant sind. Die Römerbrücke wird dabei natürlich nicht außer Acht gelassen. Um aber die Innenstadt nicht ganz zu vernachlässigen, ist noch ein kleiner Fußweg geplant, um eine Innenbesichtigung der Konstantin Basilika zu erleben und um dann zum krönenden Abschluss die Gartenkunst des Palastgartens bis hin zu den Kaiserthermen zu genießen.

Der Preis beträgt 15,00 € pro Erwachsenen, 13,00 € ermäßigt und für Kinder zwischen 6 bis 14 Jahren 10,00 € pro Kind.

Moselwein trifft Geschichte. Wein-Rundgang mit Kellerbesichtigung

Für jeden Weinliebhaber ist diese kleine und kurze Führung ein absolutes Muss. An der Porta wird ein Elbing genossen, am Hauptmarkt ein feinherber Riesling getrunken und im Palais Kesselstatt beeindruckt Sie ein heimischer Sekt und zum Abschluss wird noch eine Kellerbesichtigung angeboten – auf jeden Fall eine Genussreise für die

Weintrinker. Die Führung dauert rund 2 Stunden und kostet pro Erwachsenen 15,00 €.

Marx Guide

Die Geschichte von Karl Marx, einem gebürtigen Trierer, lässt Sie nicht ruhen? Sie wollen alles noch einmal hautnah erleben? Dann ist auch diese Führung ein absolutes Muss. Diese Tour können Sie sogar ganz allein machen und ist in digitaler Form verfügbar. Dazu müssen Sie nur mit Ihrem Handy auf folgende Internetseite gehen und eine von zwei Touren auswählen: https://marx-guide.de/touren.

Die Seite liefert Ihnen alle Informationen und weist Sie durch Trier an verschiedenste Schauplätze, die relevant im Leben von Marx waren. Insgesamt sind es 12 Orte. Es ist auch eine interessante Art und Weise Trier in einem anderen Licht zu sehen.

City Quest Trier

Sie wollen in einer kleineren Gruppe, zwischen 2 - 6 Personen, Trier auf fast eigene Faust erkunden und dabei spannende Rätsel lösen? Dann ist die City Quest Tour genau das Richtige für Sie. Ihre Ausrüstung ist eine Tasche, die Sie in der Tourist-Information erhalten und welche entsprechendes Rüstzeug enthält sowie eine App, die Sie sich schnell aufs Handy laden können, und 2,5 Stunden Zeit. Mehr ist nicht nötig und so können Sie Ihre grauen Zellen auch ein wenig anstrengen.

Pro Team kostet diese Tour nur 37,50 €.

Togaführung

Sie wollen Trier aus der Sicht eines Römers erleben? Eine Innenbesichtigung der Porta Nigra, der römischen Palastaula und der Kaiserthermen wollen Sie unter keinen Umständen verpassen? Dazu noch ein – fast – waschechter Römer in traditioneller Togakleidung, der Ihnen mit seinem faszinierenden Erzählstil Augusta Treverorum, Trier, von seiner historischen Seite zeigt? Dann besorgen Sie sich jetzt ganz schnell Tickets für diese Führung!

Der Preis liegt bei 110,00 € für eine Deutsche Führung, 120,00 € für andere Fremdsprachen. Rechnen Sie noch mit separaten Eintrittspreisen der jeweiligen Innenbesichtigung, diese sind nämlich nicht im Grundpreis enthalten.

Stadtrundgang 2000 Schritte – 2000 Jahre

Dies ist der klassische Stadtrundgang, der die wichtigsten Sehenswürdigkeiten abgeht. Von der Porta aus gestartet begibt man sich vorbei am

Dreikönigenhaus zum Marktplatz, weiter zum kurfürstlichen Palais, um mit einer Innenbesichtigung der Kaiserthermen die Tour zu beenden. Ein einfacher Weg, der rund 2 Stunden dauert. Eine sehr schöne Tour, wenn man sich sonst keine andere Tour ansehen möchte.

Die Preise liegen bei 110,00 € auf Deutsch, in einer Fremdsprache liegt der Preis bei 120,00 €

Unterirdisches Trier

Trier bietet nicht nur oberirdisch einen absolut faszinierenden Blick, sondern auch unterirdisch. Die Ausgrabungen unter der Basilika, der Keller des Turms Jerusalem und die Weinkeller zeigen nicht auf den ersten Blick all ihre Geheimnisse – Trier könnte geheimnisvoller nicht sein. Dauer der Tour sind rund 2 Stunden.

Rundgang mit dem Trierer Nachtwächter

Noch geheimnisvoller wird Trier in folgendem Rundgang. Der Trierer Nachtwächter enthüllt Ihnen einige Insidergeschichten, erzählt Witze und verspricht historische Anekdoten. Lernen Sie die andere Art der Trierer Bevölkerung näher kennen. Jene, die unachtsam und unehrlich sind. Jene, die in schwarzen Gewändern durch die dunklen Gassen streifen, um Angst und Schrecken zu verbreiten. All diesen Gestalten muss sich der Nachtwächter Tag für Tag stellen. Um den 90-minütigen Rundgang gebührend zu ehren, lädt er dann zum Abschied auf ein gemeinsames Glas Viez ein.

Schiffsfahrten

Mit dem Schiff von Trier nach Saarburg oder nach Bernkastel-Kues ist eine entspannte Art und Weise, den Tag zu Ende zu bringen. Sie können sich zwischen der einstündigen Fahrt nach Bernkastel-Kues entscheiden oder aber die zweistündige Fahrt nach Saarburg antreten. Beide machen unglaublich viel Spaß und man lernt dort immer neue Leute kennen, die dieselbe Leidenschaft teilen wie Sie selbst.

Aber auch die Partygänger unter Ihnen kommen nicht zu kurz dabei. Es gibt einige Eventfahrten, wie zum Beispiel die Feuerwerksfahrt, die Glühweinfahrt im Advent oder die große Silvesterfahrt mit Gala-Buffet, die jedem ein absolutes Highlight bietet. Diese Arten sind vor allem im Sommer gut besucht, also machen Sie schnell, wenn Sie nur einen kurzen Aufenthalt in

Trier haben. Unter www.moselrundfahrten.de können Sie noch viele weitere Touren anschauen, die sich in Trier oder in der Nähe befinden.

Segway Tour
Fünf verschiedene Touren werden mit dem modernen Fortbewegungsmittel angeboten. Alle fünf sind einzigartig.

Die Trier-Tour bietet Ihnen auf dem Segway die Möglichkeit, die schönsten Sehenswürdigkeiten in der Innenstadt zu erkunden. Von der Porta über Zurlauben, das Krahnenufer, die Römerbrücke bis hin zur Basilika und dann wieder zurück zur Porta. Sie fahren rund 12 km in etwa 2,5 Stunden für 59 € pro Person. Ein absolutes Schnäppchen, wenn Sie mich fragen und definitiv mal etwas anderes.

Für alle, die bereits in Trier waren und die Stadt sehr gut kennen, bietet man Ihnen hier die Treverer-Tour, in der Sie sich recht frei bewegen können. Trier können Sie noch einmal auf eine ganz andere Art und Weise erleben und erkunden.

Die Feierabend-Glückstour zeigt Ihnen die schönsten Ecken der Stadt. Somit können Sie den anstrengenden Arbeitstag in 2 Stunden sehr gemütlich und mit schöner Sicht entlang der Mosel ausklingen lassen. Zum Abschluss dieser Tour können Sie sich zwischen drei Umschlägen entscheiden, in denen ein Menü im Restaurant „Brasserie" enthalten ist. Diese Tour kostet 79 € pro Person. Für die Weinliebhaber werden sogar zwei Touren angeboten. Seg & Wine Tour 1 + 2 bieten Ihnen die Möglichkeit, durch die Weinberge zu fahren und im Anschluss ein Essen und ein Glas, oder auch mehr, zu genießen. Diese Tour wird für Vierergruppen angeboten und kostet 99 € pro Segway.

Die Bierliebhaber kommen hier auch nicht zu kurz. Mit der Segway-Tour „Biergeflüster" erkunden Sie die Bier-Braukunst und verschiedenste Bierkreationen. Zum Abschluss bekommen Sie auch hier ein Essen und einige Bierproben zum Kosten im Hotel Blesius Garten. Diese Tour wird für 6-Personen Gruppen angeboten und kostet ab 85 € pro Segway.

Römer Express

Als absolutes Highlight aus Trier ist der altbekannte Römer-Express. Vor allem im Sommer durchquert er die Stadt und erzählt die Historie in drei verschiedenen Sprachen. Hier können Sie sich ganz gemütlich in den langsam fahrenden Zug setzen, die

Tour mit Audio genießen und sich die Sehenswürdigkeiten, wie zum Beispiel das Geburtshaus von Karl Marx, aber auch sonstige bürgerliche Häuser, die Trier prägen, anschauen. Die Tour ist jedoch mit 35 Minuten recht kurz, dabei kostet Sie aber lediglich 9 € pro Person. Für Kinder zwischen 6 und 14 Jahren nur 4 €.

MUSEEN

Auch die Museen in Trier hegen alle ihre Geheimnisse. Ich liste Ihnen einige Museen auf, denn auch hier gibt es ein breitgefächertes Angebot, das sich allemal lohnt. Weitere Museen finden Sie unter www.trier-info.de

Stadtmuseum Simeonstift

Das Stadtmuseum Simeonstift bietet die umfangreiche Historie Triers. Zum einen kann man das Ölgemälde von Trebeta, dem Stadtgründer, betrachten. Zum anderen kann man eindrucksvolle Stadtmodelle Triers anschauen. Wie sah es 1800 in Trier aus und wie war die Stadt nach dem Bombardement im Zweiten Weltkrieg? Sie sind Kunstgenießer und Kinogänger? Sie lieben Statuen?

Dann müssen Sie unbedingt ins Simeonstift, denn dieses wird all Ihren Erwartungen gerecht! Zudem bietet es jede Menge Workshops, Krabbelkurse und sonstige kreative Dinge an. Nichts in Trier kommt der kreativen Entfaltung so nahe wie das Stadtmuseum.

Schatzkammer der Stadtbibliothek
Für jeden Buchliebhaber und Schreibverrückten. Der weltweit einzige bekannte Fischkalender befindet sich in den anmutigen Mauern der Schatzkammer. Er ist dadurch bekannt, dass er 27 Fischarten zählt und dabei enthüllt, wann und zu welcher Jahreszeit welche Sorte am besten gefangen und verzehrt werden kann. Damit ist er das Highlight. Daneben können Sie aber auch das UNESCO-Weltdokumentenerbe Codex Egberti bestaunen, welches übrigens der älteste erhaltene Bildzyklus ist, Darstellungen aus dem Leben Jesus enthält. Aber diese Schatzkammer der Stadtbibliothek ist auch im Besitz einer Gutenberg-Bibel und dem mit Edelsteinen besetzten Golddeckel des Ada-Evangeliars. Ein Muss für jeden, der etwas weiter zurück in die Zeit reisen möchten und sich in einer Welt der Bücher verlieren möchte.

Karl-Marx-Haus

Ein gebürtiger Trierer, Prophet und Theoretiker. All das findet sich in einer spannenden Dauerausstellung im Karl-Marx-Haus wieder. Auch seine persönlichen Besitztümer kann man hier bestaunen. Kleiner Geheimtipp meinerseits: Jeden Samstag gibt es eine kostenlose Führung durch das Haus und wenn Sie Glück haben, dürfen sie Jenny Marx, die Ehefrau von Karl Marx, höchstpersönlich kennenlernen. Sie erzählt Ihnen dann von ihrem abenteuerlichen Leben mit einem Philosophen.

Rheinisches Landesmuseum

Sind Sie an Archäologie interessiert? Die Antike schreckt Sie nicht ab? Dann bringen Sie genügend Zeit mit, um sich im Rheinischen Landesmuseum Trier alle Exponate in Ruhe anzuschauen und zu studieren. Hier entdecken Sie alles von der Steinzeit bis zum Barock. Das Neumagener Weinschiff, die größte Mosaiksammlung nördlich der Alpen und der größte Goldmünzschatz der römischen Kaiserzeit sind hier anzutreffen. Als krönenden Abschluss entdecken Sie dazu noch den Exportschlager der Spätantike, den Trierer Spruchbecher und ein Stadtmodell Triers aus dem 4. Jahrhundert im

Maßstab 1 : 6000. Wenn das Ihr Interesse nicht geweckt hat, dann verpassen Sie einen großen Meilenstein in der Geschichte Triers!

Spielzeug-Museum

Bereits als Kind liebten Sie Spielzeug besonders? Diese Leidenschaft zog sich bis ins Erwachsenenalter und Sie übertrugen Sie auf Ihre eigenen Kinder? Dann betrachten Sie die einzigartigen Ausstellungsstücke von der Antike bis heute im Spielzeugmuseum Trier. Mehr als 5.000 Stück können hier bestaunt werden. Von Blechspielzeug über Lego, Eisbahnen, Autos bis hin zu Puppen ist hier alles weitestgehend vertreten. Hier ist für jeden etwas dabei, selbst wenn Sie kein Liebhaber oder Kind mehr sind. Ein kleiner Tipp, um Ihre Kinder noch mehr dafür zu begeistern, ist eine Museumsrallye, die angeboten wird, in denen die Kinder viele einfache, aber zum Teil auch etwas schwierigere Fragen zu lösen bekommen.

Verkehrsmuseum

Können Sie sich noch an die Zeit erinnern, in denen elektrische Straßenbahnen durch die Städte fuhren? Ich leider nicht, deshalb kann ich die Wehmütigkeit der Trierer auch nicht nachzuvollziehen, dass sie sich nach einem modernen Umschwung das Alte wieder zurückwünschen. Wobei man auch bedenken muss, dass die Trierer vorerst allem skeptisch gegenüberstehen. Im Verkehrsmuseum können Sie in alten Zeiten schwelgen. Sie sehen hier Uniformen, Schirmmützen, Lochzangen, Handfunkgeräte und vieles mehr. Ganz viel altes Zeug, das schöne Erinnerungen hervorruft.

Freilichtmuseum Roscheider Hof (Nähere Umgebung Trier)

Knapp 10 Kilometer entfernt von Trier befindet sich das sehr schöne Freilichtmuseum „Roscheider Hof" in Konz. Es ist sehr gut zu erreichen, selbst mit den öffentlichen Verkehrsmitteln. Das Museum bietet eine Vielfalt an Zinnfiguren und -spielzeug. Dazu gehört aber auch ein Restaurant mit Biergarten und ein großer Kinderspielplatz. Selbst für Eltern ist dieser Ort damit recht interessant und Ihre Kinder langweilen sich auch nicht, während Sie ein Bier oder anderes Kaltgetränk zu sich nehmen und die Aussicht genießen. Als Zusatz bietet das Museum immer wieder mal Führungen, Projekte, Sonderausstellungen, aber auch ein großes

Freigelände mit bürgerlichen Rosengärten und ländlichen Gärten an. Was zu sehen ist und wann, können Sie hier einsehen: www.roscheiderhof.de. Viel Spaß im naturnahen Museum mit einer sehr spannenden Ausstellung.

Besucherbergwerk Fell (Nähere Umgebung Trier)
Ein weiteres Museum, welches nicht in Trier ansässiges ist, ist das Schiefer-Bergwerk in dem knapp 20 Kilometer entfernten Fell. Leider ist es nur über die Sommermonate geöffnet und kann mit einem speziellen Bus, dem Schiefer-Express der Moselbahn, auch ohne Auto besucht werden. Dieses Museum ist besonders interessant für jene, die das Bergwerk einmal hautnah erleben wollen. Hier werden Sie in zwei verschiedene Gruben geführt – Hoffnung und Barbara. Bis in die Siebziger hinein wurden beide noch betrieben. Hoffnung wurde mit mehreren Rollschächten ausgebeutet und vier Lager wurden angefahren. Die Grube Barbara wurde nach der Schutzpatronin der Bergleute benannt und unterfährt das Schieferlager der Grube Hoffnung. Ein durchaus interessantes Schienennetz, das weitestgehend noch intakt ist und absolut atemberaubend zu sehen, wie damals gearbeitet

wurde. Zudem werden Sie als Besucher dazu eingeladen, Türen und Klappen zu öffnen, um sich noch besser vorstellen zu können, wie es für die damaligen Bergwerkleute war. Mit dem Motto „Mit jeder Einfahrt riskierten die Bergleute ihr Leben" wird hier ein wertvoller Baustein im Wissen eines jeden Besuchers gelegt. Auch wird Wert auf die Fledermausarten, in der Gesamtzahl 16 Stück, gelegt, die in dem ehemaligen Bergwerk überwintern. Auch hier wird ein interaktives Spiel angeboten, Sie zu ermutigen, sich wie eine Fledermaus, also zum Beispiel kopfüber zu hängen, zu verhalten. Sie werden merken, es ist schwieriger als gedacht und so manch Geheimnis über die schönen Tiere wird hier auch gelüftet. Zu guter Letzt wird der Feller Weinbau präsentiert. Auch hier wird wieder ein interaktives Spiel angeboten, um dem Besucher zu verdeutlichen, wie schwer die Arbeit damals doch wirklich war. Viel Spaß beim Ausprobieren!

WEITERE SEHENSWÜRDIGKEITEN

Trier bietet Ihnen recht viel an Sehenswürdigkeiten. Um alle zu besichtigen, müssen Sie sehr viel Zeit mitbringen und vor allem Glück mit dem Wetter haben. Deshalb liste ich Ihnen auch hier wieder nur die schönsten Sehenswürdigkeiten auf. Selbst um alles zu sehen, was ich bisher beschrieben habe, bräuchten Sie mehrere Tage, wenn nicht sogar mehr als eine Woche, wenn man sich alles in Ruhe ansehen und auch genießen möchte.

Mariensäule

Trier liegt ihr zu Füßen. Die Mosel liegt ihr zu Füßen. Sie fühlen sich wie Königin und König auf dem Pulsberg. Sie betrachten von oben das gemeine Fußvolk. Sie sind der Herr der Lüfte... Nun wieder zum wichtigen Aspekt.

„Säulenlissi", so wird sie von den Trierern genannt. 1859 zu Ehren Marias, der Mutter Jesu, gebaut und 1866 eingeweiht, diente sie als Machtdemonstration den Protestanten gegenüber, welche Konfession in Trier vorherrschen sollte. Die Mariensäule gilt seit jeher als großräumiges Symbol mit einem durchaus eindrucksvollen Blick über das Moselgebiet.

Hauptmarkt

Eine Sehenswürdigkeit, an der man ohnehin nicht drum herumkommt, wenn man Trier besichtigt, ist der Hauptmarkt. Denn direkt nach der Besichtigung der Porta Nigra begibt man sich Richtung Innenstadt und sieht zuerst zu seiner Linken das Dreikönigenhaus und von weitem erkennt man dann schon den Brunnen, der in der Mitte des Marktes steht. Und hier ist sehr viel los. Immer. Zu jeder Jahreszeit. Vor allem bei gutem Wetter. Alle Geschäftsstraßen treffen hier zusammen. Von hier aus geht man zur Basilika, zum Dom, zum Kornmarkt und noch viel weiter. Hier sind die Häuser die Sehenswürdigkeiten. Eine wunderbare Mischung aus der Renaissance, dem Barock, dem Klassizismus und dem Späthistorismus. Auch hier lohnt es sich allemal, einen genaueren Blick auf die Häuser zu werfen. Manche haben ganz feine, aber sehr schöne Verzierungen, meist aus Gold oder Goldimitat. Andere wiederum erinnern ein wenig an alte Mittelalterhäuser aus einem kleinen Dorf. Der

Hauptmarkt ist zudem einer der größten Plätze der Stadt Trier.

Von hier aus können Sie auch durch die ehemalige Judenpforte in die Judengasse schreiten, hinein ins ehemalige Judenviertel.

Dreikönigenhaus

Wie bereits vor ein paar Sätzen erwähnt, erreichen Sie auf Ihrem Weg, von der Porta Nigra zum Hauptmarkt, auf Ihrer linken Seite das Dreikönigenhaus. Ursprünglich nannte man es „Zum Säulchen" und wurde 1230 erbaut. Es diente damals als Wohnplatz für sehr wohlhabende Familien.

Moselkranen

Sie wollten schon immer wissen, wie es war, im Mittelalter in einem Hafen zu arbeiten? Die Moselkranen zeigen es Ihnen. Um nicht Jahre lang alles per Muskelkraft zu betätigen, also Schiffe zu be- und entladen, überlegten sich die Arbeiter, wie man dieses Handwerk effektiver handhaben könne. So entstanden Ende des 14. Jahrhunderts die ersten „Schwimmkräne". Diese konnten mobil am Ufer entlang bewegt werden und erleichterten somit die zu verrichtende Arbeit. Bereits 1413 wurden die ersten Landkräne in Betrieb genommen. Eine weitaus robustere und wasserstandsunabhängige Alternative zum mobilen Kran. Und genau diese kann man heute am Wanderweg entlang der Mosel betrachten. Dafür müssen Sie sich lediglich ein wenig aus der Stadt herausbegeben.

NATUR

Wer dem trierischen Alltag einfach mal entfliehen möchte und genug von alten Gebäuden und Häusern hat, kann sich in folgenden Gebieten aufhalten. Sie bieten atemberaubende Sichten und trotz Stadtalltag können Sie hier in der freien Natur entspannen. Gönnen Sie sich selbst diese Auszeit. Es ist definitiv lohnenswert! Genießen Sie hier die frische Luft, denn hier werden Sie wieder schön durchatmen können. Es gibt nichts Schöneres als die Natur, oder? Auch hier bietet Ihnen folgende Seite weitere nützliche Informationen: www.trier-info.de.

Moselufer Zurlauben

Im Alltag ist das Moselufer Zurlauben lediglich unter „Zurlauben" oder „Zurlaubener Ufer" bekannt und zu hören. Dazu ist es definitiv Kult.

Seit dem 7. Jahrhundert wird hier am Ufer gebaut. Im romanischen Stil wurde zwischen 622 und 640 das Kloster St. Symphorian errichtet. Es war ein Frauenkloster. Rund 200 Jahre später wurde es komplett zerstört und alle ansässigen Frauen wurden ermordet.

Ab dem 17. Jahrhundert baute sich ein kleines Fischerdorf auf, dessen Häuser Sie heute bestaunen können. Viele wurden zu Restaurants umgebaut und bieten vor allem im Sommer eine Vielzahl überdachter Terrassen mit einem wunderschönen Blick auf die Mosel.

Unter anderem befindet sich hier die Schiffsanlegestelle für die Schiffsfahrten, die ich bereits unter „Führungen und Rundfahrten" angekündigt habe.

Außerdem, wenn Sie nicht nur auf den Terrassen sitzen und auf die Mosel starren wollen, können Sie ganz gemütlich entlang der Mosel flanieren. Mittlerweile können Sie sich aber auch auf die ausgebaute große Treppe setzen und einfach die Sonnenstrahlen genießen. Abends können Sie dann ganz gemütlich essen gehen.

Falls Sie im Juli in Trier sind, dann können sich die Partygänger unter Ihnen am jährlichen Heimatfest erfreuen. 2020 wird es das bereits zum 64. Mal geben. Auch ein besonderes Highlight für Ihren Aufenthalt. Aber auch an Silvester steigt hier eine große Party und zum Abschluss natürlich ein wunderschönes Feuerwerk, das meist von einem Schiff auf der Mosel aus abgefeuert wird.

Wie Sie sehen, ist für jeden etwas dabei. Genießen Sie es.

Weinkulturpfad

Mal wieder für alle Weinliebhaber und -kenner bietet sich der 1,6 Kilometer lange Kulturpfad an. Hier erhalten Sie viele Informationen über die vielseitig angebauten Rebsorten sowie auch über die Arbeit in den Weinbergen, den Anlagearten, der Lese der Trauben und dem Ausbau des Weins. Sie erhalten hier wunderschöne Aussichten über die Rebstöcke, das Olewiger Tal und die Trierer Innenstadt, welche Sie aber von anderen Aussichtspunkten noch viel besser betrachten können. Natürlich werden Sie nicht nur mit Informationen und Ausblicken bestückt, sondern werden auch noch herzlich in eine der Olewigen

Weinstuben eingeladen, um die Informationen in Praxis umzuwandeln.

Als kleiner Tipp, wenn Sie noch zusätzlich eine Verkostung erhalten möchten, können Sie sich über einen organisierten Rundgang mit einem Winzer erkundigen, der Ihnen alles noch einmal auf seine Art und Weise näherbringt. Ein Hoch auf die wundervollen Trierer Weinberge.

Weißhauswald

Wenn Sie einmal dem unruhigen Alltag entfliehen möchten, in eine extrem ruhige Gegend, wo Sie von jeglichen Geräuschen und Menschen abgeschnitten sind, dann sind Sie im Weißhauswald und in dem Wildgehege genau richtig. Nicht nur, dass Sie hier einen 3,5 Kilometer langen Waldlehrpfad bestreiten können, auch können Sie einfach auf eigene Faust die nebenan gelegenen Fußwege nutzen, um frei durch den Wald zu laufen. Hier hören Sie in friedlicher Ruhe die Vögel zwitschern, zwischen den Baumkronen zwängen sich die Lichtstrahlen der Sonne hindurch und die Bänke unterwegs laden zum kurzen Verschnaufen ein. Sie sind umgeben von Bäumen, komplett abgeschnitten vom städtischen

Geschehen. Eine herrliche Ruhe, in der Ihre Seele ganz frei sein kann.

Übrigens das Wildgehege ist durchaus ein Spaß für die gesamte Familie. Sie können dort diverse Tierarten, wie zum Beispiel Wildschweine, Hühner, Wildschafe, Fasane, Waldziegen, Rehe oder Zwergesel beobachten. Dazu bietet es Ihnen Spielplätze und Picknicktische, um kurz zu entspannen und Ihren Kindern noch mehr Spaß zu bieten. Absolutes Highlight: Sie können die Tiere mit speziellem Wildfutter, das Sie aus extra Futterautomaten dort erhalten, füttern. So können Sie die schönsten und lustigsten Fotos der Tiere mit Ihnen selbst oder Ihren Kindern machen.

Aussichtspunkt Petrisberg

Um ebenfalls ein sehr eindrucksvolles Panorama zu erleben, begeben Sie sich zum Aussichtspunkt Petrisberg. Dort können Sie über das gesamte trierische Moseltal blicken. Perfekt, um außergewöhnliche Fotos zu schießen.

30 v. Chr. war dies ein von den Römern errichtetes Militärlager. Bis hin zum Mittelalter wurde es auch als solches genutzt, bis es aufgegeben wurde und sich zur Viehweide entwickelte. Die

Gebäude darauf änderten sich, die Sicht blieb bis heute.

„Knutschkurve" ist übrigens eine weitere Art und Weise, um dieses wunderschöne Plätzchen zu benennen. Die Interpretation liegt bei Ihnen.

Um noch mehr vom Petrisberg mitzunehmen, sollten Sie sich zum Petrispark begeben. Bis 1999 war die französische Armee hier stationiert gewesen. Aber ab diesem Jahr wurde ein nachhaltiges Konversionsprojekt entwickelt. Bis auf eine alte „Panzerreparaturwerkstatt" erinnert heute nichts mehr an die damalige Stationierung. Heute betrachten und spazieren Sie durch viele verschiedene Gärten der acht Trierer Partnerstädte. Zum Beispiel sehen Sie hier einen luxemburgischen Garten, Vulkangarten, chinesische Landschaftsgärten, aber auch regionale Gärten. Für Kinder werden hier ein Wasserspielplatz, ein Sandkasten, ein Klettergerüst und eine Riesenrutsche geboten. Auch hier gilt wieder: Für die ganze Familie ist etwas dabei. Zudem finden in dem überdachten „Lottoforum", ein halbrundes Auditorium, viele Kindertheaterstücke statt.

Damit sich die Erwachsenen aber auch nicht langweilen, neben den Gärten und den Kindern gibt es einen Beachvolleyballplatz und einen Fußballplatz, eine Halfpipe für die ganz Mutigen sowie einen Weg zum Joggen und allerlei Wanderwege. Hier ist wirklich für Große und Kleine etwas dabei.

Park Nells Ländchen

Interessanterweise existierte an diesem Platz damals nur Sumpf. Zwischen 1792 und 1793 wurde es aufgekauft und trockengelegt, um den heutigen Platz zu schaffen. 1801 wurde der Park fertiggestellt. Der Bau des heutigen Hotels Nells Park erfolgte im Jahre 1861, wurde erst 1940 von der Stadt Trier als Eigentum erworben und in den Kriegsjahren weiter ausgebaut. Heute bietet es nicht nur ein Hotel, sondern auch eine wunderschöne Grünfläche, die sich um die mächtigen Bäume, Büsche, den Weiher und den Rosengarten schlängelt. Um den Gründer des Parks zu ehren, existiert noch ein eindrucksvoller Obelisk, den Sie unbedingt betrachten müssen.

Mattheiser Weiher

Weitere Wanderwege erwarten Sie beim Mattheiser Weiher. Das Interessante ist eigentlich, dass ein gewisser und sehr geschätzter Obstbaum „Speierlich" hier wächst. Er wurde vor allem dafür angebaut, weil die stark gerbstoffhaltigen Früchte den Viez länger haltbar machen. Seit den 50er-Jahren ist der Volkspark ein Naturschutzgebiet mit 1,5 Hektar Größe, der unter anderem einen beachtlichen 150- bis 180-jährigen Baumbestand aufweisen kann. Auch hier ist dieser Ort eher historisch bekannt.

Geocaching

Um den Aufenthalt in Trier in der Natur gebührend abzuschließen, bieten sich die Geocache-Touren besonders an. Wer Geocaching nicht kennt: Generell kann man es als moderne Schnitzeljagd bezeichnen. Um es recht simpel zu erklären: Irgendjemand versteckt einen Behälter mit einem Logbuch darin und gibt dann online die Koordinaten davon frei. Nun kann jeder darauf zugreifen, diesen Behälter suchen und sich ins Logbuch eintragen. So kann man nach vielen Monaten sehen, wer wann und von wo dort war. Oft werden Gegenstände hineingelegt oder komplette Wanderwege von Behälter zu Behälter gemacht, um dann die jeweiligen Gegenstände mitzunehmen und auszutauschen. Mit einem GPS, zum Beispiel Ihrem Handy, können Sie sich dann ganz gemütlich auf die Suche danach machen. Ein recht lustiges Spiel für jegliche Altersgruppen. Um weitere Informationen zu Geocaching zu erhalten, besuchen Sie diese Seite: https://geocoinshop.de/. Ansonsten können Sie sich hier über spezifische Touren in und um Trier informieren: https://www.geocaching.com/play/geotours.

Probieren Sie mal etwas Neues aus! Versuchen Sie, so viele Caches wie nur möglich in einem Tag zu sammeln. Seien Sie gewappnet für viele Hürden und viele neue unbekannte Plätze. Gehen Sie allein oder bilden Sie eine Gruppe und erkunden gemeinsam auf eine ganz besondere Art und Weise die Stadt und die Natur Triers.

Trierer Alltag oder auch „Da Je"

Nun zeige ich Ihnen, wie der Alltag der Alteingesessenen so aussieht. Auch die Geschichte des Volkes, vor allem derer Mundart, möchte ich Ihnen zeigen und vielleicht sogar ein wenig beibringen. Denn wie ich auch schon weiter vorne angesprochen habe, sind die Trierer eigen in ihrer Art und ihre Sprache mag für Unerfahrene vorerst unverständlich klingen. Mit der Zeit aber lernen Sie die Trierer kennen und wissen, wie Sie mit ihrer Mundart umzugehen haben. Wie sagt man so schön: In der Ruhe liegt die Kraft. Hier ist es die Geduld, die Sie mitbringen müssen. Als ich nach Trier zog und den Alltag hautnah erlebte, bemerkte ich, dass Trier ein wenig anders ist, als wenn man nur durch die Einkaufsstraßen schlendert. Die Menschen, die vorerst sehr aufgeschlossen und fröhlich wirken, sind es im Grunde nicht. Erst nachdem man sie ein wenig kennengelernt hat, und das konnte je nach Person ein wenig dauern, bahnte man sich langsam einen Weg zu ihren Herzen. So öffneten sie sich einem langsam. Bis ich das jedoch begriff, verging einige Zeit. Gerne wird man von älteren Menschen auf der Straße einfach ignoriert, wenn man nach dem Weg fragen möchte. Oder man wurde abgewimmelt.

Oder in die falsche Richtung geschickt. All das ist schon passiert und sicherlich nicht nur in Trier. Hier greife ich ein wenig vor und leite Sie bereits langsam in die Trierer ein, dass Sie einen besseren Start als ich haben werden! Ich will Ihnen keineswegs das Volk Trier als schlecht darstellen, sondern lediglich auf die Besonderheiten eingehen, denn die hat jede Stadt und jedes Stadtvolk.

MUNDART DER TRIERER UND IHRE GESCHICHTE

Die Trierer besitzen ihre ganz eigene Sprache. So möge manch ein nicht Ortsansässiger meinen. Es klinge sehr wild. Dabei muss man nur etwas genauer zuhören und man kann, vor allem aus dem Kontext her, einige Worte erkennen und verstehen. Trierisch, oder auch Trierer Platt genannt, gehört zur Moselfränkischen Dialektgruppe. Je nach Stadtteil jedoch gibt es eine etwas abgewandelte Form, die das Trierisch zu dem zusammensetzt, was wir heute kennen. Ich werde Ihnen das Trierisch ein wenig näherbringen und Ihnen den Unterschied zwischen den Zugezogenen und den alteingesessenen Trierern kurz erläutern.

Das wohl häufigste Wort wird „Lowie" sein und wird synonym zu „Geld" genutzt. Ein weiteres Wort oder besser gesagt Verb, das bei vielen Personen aufstehende Rückenhaare verursacht, ist „mitholen". Der Trierer nimmt nichts mit, er holt es mit. Er holt Sie mit, er holt ein Brötchen mit, er holt das Auto mit. Ich liste Ihnen ab hier einige durchaus gängige Redewendungen oder Wörter auf, die Sie während Ihres Aufenthalts in Trier sicherlich mehr als nur einmal hören werden, jedoch in verkürzter Form, denn vieles müssen Sie einfach gehört haben. Diese leite ich von folgender Seite ab, die man quasi als offizielles Trier-Deutsch Wörterbuch einstufen könnte: www.trier-tip.de. Hier können Sie sich dann auch nochmal ganz in Ruhe alle Wörter anschauen, die der ursprüngliche Trierer einmal genutzt hat.

Aal Gluck: Alte, dicke Frau

Ajerkopp: Mensch mit ovaler Kopfform oder aber auch Eierkopf im Umgangssprachlichen

Ahlen: Die Alten, damit sind hier aber unter anderem die Eltern gemeint; Wat werden mei Ahlen denke? ↔ Was werden meine Eltern denken?

Bagaasch: Gesindel, Gruppe an Menschen

Bissi: Etwas, ein wenig

Bliemcher: Blümchen

Boxeschösser: Angsthase

Da je: Im Sinne von „Jetzt mach' mal schneller!"

Döbben: Topf

Durchdriewen: raffiniert, durchtrieben

Ebbes: Etwas, im Sinne von „etwas benötigen oder haben"

En Tuut: Eine Tüte

Fupp: Kleinigkeit

Graommeln: leise vor sich hin murmeln, was übrigens sehr viele Trierer auch im Alltag machen. (Wieso, weshalb und warum, dazu komme ich im nächsten Kapitel)

nit, net: Nicht

Schlawiner: Spaßvogel

Taopert: Tölpelhafte Person

Viez: Das, so könnte man sagen, absolut wichtigste Wort im Trierer Dialekt. Viez ist das Nationalgetränk dieses Volks. Es ist lediglich Apfelwein, nur auf besondere trierische Art und Weise

Worschteln: Wurschteln, halbfertig arbeiten

Wie Sie sehen können, dieser Dialekt hat seine Eigenheiten. Gehen wir nun auf die Grammatik ein, damit Sie sich vielleicht sogar einige dieser Wörter aneignen können, bevor Sie in den Kontakt mit den Trierern treten.

Das E am Wortende entfällt. Die Kiste wird zur Kist. ER gilt prinzipiell als A. Bliemcher, das Beispiel von oben, würde dann als BliemchA ausgesprochen werden.

Das G am Wortende wird einfach zu „ch" umgeändert, so würde aus dem Auge ein Auch und aus dem Schlag ein Schlach werden.

Zudem, und für mich das Merkwürdigste an allem, wird das B als W ausgesprochen. So wird aus einem Kabel plötzlich ein Kawel, aus aber wird awer oder richtig awa, hier zu beachten ist die Regel ER. Hier gibt es noch einige Regeln mehr, aber ich bin ja nicht hier, um Ihnen Trierisch beizubringen, sondern lediglich etwas näherzubringen. Das hilft Ihnen sicherlich, den Menschen in Trier mit mehr Verständnis gegenüberzutreten. Zu guter Letzt, und wie ich bereits zu Anfang dieses Kapitels erwähnt habe, existiert das Verb „nehmen" einfach nicht und wird durch (mit)holen ersetzt.

Um dieses Kapitel abzuschließen, würde ich Ihnen noch ein Uhrgesteinsgedicht über einen Domstein, der als Überbleibsel vom Neuaufbau des Doms 1974 blieb, vorstellen:

Deen Duhmstaan

Om Domstaan sei mer romgeroescht.

Et woar net emmer ginstig.

De Box zeröss, de Kaap verlohr,

De Kopp zerschonn, blutrinstig.

Kaom eich dann haam, doa wusst eich gleich

Eich braucht kaan Reed'ue haalen,

Eich braucht blus guden Dag ze soan,

Det anneret soot mein Ahlen,

Roff de Trepp

Schlich eich mich off den Ziewen

Doch mein Klepp

Die sein ner ausgebliewen.

Zu Deutsch:

Der Domstein

Auf dem Domstein sind wir herum gerutscht

Das war nicht immer ungefährlich

Die Hose zerrissen, die Mütze verloren

Den Kopf gestoßen (also eine kleine Wunde, so dass man blutet)

Wenn ich dann heimkomme, seh' ich's schon kommen

Ich brauche mich gar nicht erst groß zu rechtfertigen

Ich müsste nur guten Tag sagen

Die Maulerei von meinem Vater blieb nit aus

Die Treppe herauf

schlich ich mich auf Zehenspitzen

Aber meine Prügel

ist doch nicht ausgeblieben.

Um weitere Informationen über den Trierer Dialekt zu lernen, können Sie hier zusätzlich nachlesen: https://www.unix-ag.uni-kl.de/~silke/erklaerbaer/trierisch und https://web.archive.org/web/20110916063958/http://kirschm.surfino.info/Milliuunen.html sowie auf der bereits oben genannten Seite.

EIGENARTEN UND DAS „TYPISCHE"

Wer es bisher immer noch nicht bemerkt hat, die Trierer sind ein sehr eigensinniges Völkchen. Beginnen wir mit einer Eigenart, die ich schon fast als extrem bezeichnen würde. Sobald etwas Neues oder Unbekanntes auf die Trierer zukommt, wird zuerst gemeutert. Es wird geflucht, geschimpft, zu Versammlungen aufgerufen und dann später wird es lediglich akzeptiert. Zum Teil auch heiß und innig geliebt. Warum also so sehr aufregen? Tja, das fragen Sie lieber den Trierer selbst oder belassen es bei

Ihrer Akzeptanz dem gegenüber. Um diese Situation zu veranschaulichen, in Trier sollten vermehrt Fahrradspuren eingezeichnet werden. Auf die Bürgersteige sowie die Straßen. Im Grunde eine coole Idee, vor allem in dieser Zeit, in der man wieder nachhaltiger leben möchte und der Umwelt zuliebe. Es wurde und wird teilweise immer noch gezetert und gestritten aufgrund dieser Entscheidung des Bürgermeisters.

Ein neuer nachhaltiger Laden soll eröffnet werden? Niemals. Nicht in Trier. Ein wütender Mob geht mit Fackeln und Mistgabeln auf die Straßen.... Nein, so schlimm ist es auch wiederum nicht, aber damals hätte es sicherlich so aussehen können. Die Trierer sind einfach erst einmal skeptisch und wütend und später, das kann sich um ein paar wenige Wochen handeln oder aber Monate, lieben sie die Neuerungen. Denn Neuerungen sind ja schließlich nicht das Schlimmste, oder?

Kommen wir zum nächsten Punkt. Sie sind stur und abweisend. Menschen, die auf den ersten Blick sehr offen scheinen, sind es aber in Wahrheit nicht. Bis man sie näher kennenlernt. Also nehmen Sie sich die Zeit und lernen Sie die Trierer kennen. Nehmen

Sie dazu auch sehr viel Geduld mit. Dies kann man natürlich nicht pauschalisieren, aber im Grunde ist es so. Sie sind dem Trierer fremd? Sie wollen eine Auskunft von ihm erhalten und er arbeitet offensichtlich nicht in einer Auskunft?

Dabei werden Sie schief angeschaut und gar ignoriert oder einfach wieder weggeschickt. Kennen Sie sich aber ein wenig aus, haben bereits hier und da ein paar nette Leute, vielleicht beim Trinken eines Viez, kennengelernt, so werden Sie merken, dass dieser sture, griesgrämige Mensch plötzlich der sympathischste und offenste ist, den Sie je kennengelernt haben. Trierer sind nun mal so.

Ob das schlimm ist? Das ist eine individuelle Meinung und diese Frage muss jeder für sich selbst beantworten. Zudem, wenn Sie dem Trierer näherkommen, bemerken Sie auch, dass sie durchaus humorvoll sein können. Es lohnt sich also, einen Tag länger in Trier zu verweilen und mit etwas Glück, Handgeschick und Geduld finden Sie vielleicht neue Freunde, die Sie irgendwann besuchen kommen. Denn auch dann sind sie sehr gesellig und man trinkt dann gerne mal den einen oder anderen Viez über den eigenen Durst hinaus. Genießen Sie es!

Kommen wir nun zum typisch „Typisch". Dazu entführe ich Sie ganz kurz auf eine kulinarische Reise.

Ein beliebtes Gericht ist das Teerdisch, klingt seltsam, schmeckt aber! Es ist ein sogenanntes Durcheinander an Kartoffeln, Sauerkraut und Speck. Dazu noch etwas Riesling, Zwiebeln, Salz, Pfeffer und Balsamico und Ihr Teerdisch ist fertig! Ein Schmaus für die gesamte Familie.

Flieten gehören auch dazu. Das sind lediglich frittierte Hähnchenflügel und diese gibt es quasi in jedem Trierer Restaurant zu essen und die müssen Sie dringend probieren. Denn durch die besondere Gewürzmischung, die es nur hier in Trier gibt, werden diese Hähnchenflügel zu einer Geschmacksexplosion!

Typisch Trier ist aber auch der Viez. Das Nationalgetränk schlechthin. Für den Laien, es ist Apfelwein, nur trierisch. Zudem können Sie in einigen Geschäften sogar die spezielle Glühwein- und Viez-Gewürzmischung erhalten!

Um zu den anderen „typisch Trier" Dingen zu kommen, beginnen wir bei den Spruchbechern, die Sie vor allem in Touristen-Läden ergattern können.

Diese haben ihren Ursprung aus der Spätantike und entstammen der römischen Kaiserzeit. Es waren Trinksprüche und Verzierungen in Weißmalerei auf engobierter Ware. Typisch römisch zu der Zeit. Auch die Weinberge gehören definitiv in diese Kategorie. Diese prägen die römische Schönheit. Egal wohin Sie gehen, Sie haben immer zu jederzeit einen Blick auf die Weinberge, diese zieren nämlich die Landschaft. Dazu gibt es viele Weinkeller, in denen man viele saisonale, trierische Weine kosten kann!

Insider

Hier beginne ich nun mit einigen Insidern, oder eher Tipps, die ich Ihnen nahelegen kann und werde. Da nicht jeder gleich ist, nicht die gleichen Interessen hegt, gehe ich hier auf unterschiedliche Altersgruppen ein. Mögen Sie es lieber nachhaltig, lieber ruhig und gemütlich? Oder sind Sie doch eher draufgängerisch und suchen zum Abend hin ein Lokal, in dem viel los ist? Oder wollen Sie lediglich durch die Straßen streifen und Topangebote abgreifen? Für jeden ist in diesem Kapitel etwas dabei!

Beginnen wir bei den Partygängern und Lokalerkundern. Die A1 Disco ist der Place to be, um feiern zu gehen. Sie wollen eine heiße Partynacht? Dann müssen Sie ins A1! Weitere Discos wären das Metropolis oder der Secret Club und noch einige mehr.

Sie mögen Live Rockmusik und möchten einen einigermaßen ruhigen Abend mit Ihren neuen Freunden genießen? Dann ist Lucky's Luke genau das Richtige für Sie.

Zudem gibt es noch das New Mintons, The Irish Pub, Studio 11 sowie Chrome! Oder für diejenigen, die noch jünger sind oder sich jung fühlen, ist die Kellerkneipe Cubiculum auch eine Alternative. Und viele Kneipen mehr. Machen Sie doch eine Kneipentour und geistern Sie durch die einsamen Straßen Triers. Denn am Abend sind die Straßen einfach nur leergefegt, so als habe man seit Jahrhunderten nicht mehr hier gewohnt.

Kneipen und Tanzen ist nichts für Sie? Sie wollen lieber in Ruhe an einem gemütlichen Ort verweilen und vielleicht eine Kleinigkeit trinken? Dann sind Sie beispielsweise beim Tee Gschwedner auf dem Marktplatz bestens aufgehoben. In der zweiten Etage des Altbaus haben Sie einen erstaunlichen Blick über den Marktplatz und können ungestört

Menschen beobachten und dazu noch einen leckeren Tee schlürfen. Entweder allein oder gemeinsam. Auch hier haben sich schon einige Freundschaften gebildet.

Um die Ecke vom Tee Gschwedner gibt es eine Eisdiele mit dem absolut besten und heiß begehrtesten Eis in ganz Trier. Christis heißt es und um dort ein Eis im Sommer zu ergattern, müssen Sie entweder früh da sein oder sich mit Geduld in eine sehr lange Warteschlange stellen. Aber denken Sie immer daran, das Eis lohnt sich mehr als alles andere in Trier! Am Bahnhof gibt es eine Eisdiele namens Bella Italia. Sie führt nicht nur leckeres Eis, sondern auch sehr leckere Milchshakes. Auch die sind ein absolutes Muss, meiner Meinung nach.

Wenn Sie ein kleines, aber besonderes Souvenir aus Trier mitbringen wollen, aber diese typischen Tassen, Schlüsselanhänger und Sonstiges einfach nur satt haben, können Sie eine kleine Spende für die Mariensäule abgeben, deren Beleuchtung Sie jemandem widmen können und erhalten somit eine Urkunde, die Sie personalisieren können. Ein solches Geschenk hat sicherlich niemand zweimal zu Hause!

Um dieses Kapitel noch zu einem runden Abschluss zu bringen, verrate ich Ihnen einige Restaurants, die es sich nicht nur anzusehen lohnt, sondern welche natürlich auch zum Essen einladen.

Für die Fleischliebhaber und die, die es etwas rustikaler mögen, ist das Burger House in Trier ein absolutes Highlight. Günstig, lecker und ein angenehmes Ambiente. Es ist typisch amerikanisch angehaucht im Diner-Stil. Wer es aber lieber schicker und ruhiger haben möchte, muss die Schlemmereule besuchen. In beiden Lokalen bekommen Sie jeweils Fleisch- und auch vegetarische Gerichte. Bestenfalls sollten Sie in beiden Restaurants im Voraus einen Tisch reservieren.

Für die Vegetarier oder gar Veganer unter Ihnen gibt es noch das Restaurant Liebling, das ausschließlich vegetarische und vegane Gerichte zubereiten.

Zu guter Letzt

Nun sind wir bereits am Ende dieses Ratgebers angekommen. Ich wünsche Ihnen viel Spaß bei Ihrem Aufenthalt in Trier. Genießen Sie die römische Altstadt, genießen Sie die Aussichten. Lassen Sie Ihre Seele baumeln, bekommen Sie Ihren Kopf frei. Viel Vergnügen mit diesem Ratgeber und trinken Sie für mich einen Viez mit.

Folgende Seiten können Sie nutzen, um Ihren kompletten Aufenthalt mit dem öffentlichen Personennahverkehr (ÖPNV) zu organisieren. Eine recht einfache Seite, die einfach zu handhaben ist, und auf der Sie auch direkt Ihre nötigen Fahrkarten bezahlen können: https://www.vrt-info.de/. Auch können Sie direkt beim Busfahrer eine Fahrkarte bestellen. Zudem können Sie aber Trier fast komplett zu Fuß begehen, denken Sie nur dabei an Ihre guten Schuhe!

Packliste

Geld & Finanzen

O (evtl.) Auslandswährung
O Bargeld
O Bauchtasche
O Brustbeutel
O Bauchtasche
O EC-Karte
O Kreditkarte
O Notfall-Telefonnummern der Banken
O Portmonee

Hygiene

O Haarbürste / Kamm
O Deo (klein)
O Shampoo
O Kulturtasche
O Sonnencreme
O Taschentücher

O Reise-Zahnbürste und Zahnpasta
O Verhütungsmittel

Kleidung

O Badeklamotten
O Gürtel
O Hosen kurz / lang
O Mütze / Cap / Hut
O Pullover
O Regenjacke
O Schlafanzug
O Socken
O Sonnenbrille
O Sportklamotten / Jogginghose
O T-Shirts
O Unterwäsche

Medikamente

O Blasenpflaster
O Anti-Durchfalltabletten
O Erste-Hilfe-Set

O Fiebertabletten

O Fiebertabletten

O Mückenschutz

O sonstige Medikamente

O Pflaster

O Kopfschmerztabletten

Unterlagen & Papiere

O ADAC Unterlagen

O Adresslisten für Postkarten

O Krankversicherungsnachweis

O Stadtplan

O Führerschein

O Unterlagen für die Unterkunft

O Wasserdichte Hülle für Reiseunterlagen

O Impfausweis

O Mietwagenunterlagen

O Personalausweis

O Reisepass

O Reisetagebuch

O evtl. Studentenausweis

O evtl. Visum
O Zug- / Bahn- / Flugticket

Taschen & Rucksäcke

O Koffer / Trolley / Reisetasche
O Regenhülle für Rucksack
O Rucksack

Schuhe

O Badeschlappen / Hausschuhe
O Schuhe und Wechselschuhe

Sonstiges

O Brille / Kontaktlinsen und Etui
O Buch zum Lesen
O Ohrenstöpsel und Schlafmaske
O Regenschirm
O Reisedecke
O Wasserflasche
O Wörterbuch

Elektronik

O Digitalkamera
O Handy
O Ladekabel
O Kopfhörer
O evtl. Steckdosenadapter
O Power-Bank

Herstellung und Verlag:
BoD – Books on Demand, Norderstedt
ISBN: 9783750493285

1. Auflage
Kontakt: Psiana eCom UG/ Berumer Str. 44/ 26844 Jemgum
Covergestaltung: Fenna Larsson
Coverfoto: depositphotos.com